Di lo que quieres decir
2018

Antología de siglemas 575

Di lo que quieres decir 2018

Antología de siglemas 575

Patricia Schaefer Röder, Editora

Colección Carey

Ediciones Scriba NYC

Di lo que quieres decir 2018 – Antología de siglemas 575
Patricia Schaefer Röder, Editora
© 2018 PSR
Ediciones Scriba NYC
Colección Carey – Poesía

Fotografía y arte de portada: Jorge Muñoz
© Ediciones Scriba NYC, 2018

siglema575.blogspot.com

Impresión: CreateSpace

ISBN: 978-1-7326767-0-1

Scriba NYC
Soluciones Lingüísticas Integradas
26 Carr. 833, Suite 816
Guaynabo, Puerto Rico 00971
+1 787 2873728
scribanyc.com

Septiembre 2018

"Rozan las letras
renace la armonía
en mi alma viva.
...
Airosa vuelo
entre mil melodías
de poesía".

Patricia Schaefer Röder
"RIMA"

CONTENIDO

Prólogo 13

Siglemas 575 premiados 15

Primer premio
MI PRINCIPITO, Doris M. Irizarry 16

Segundo premio
HAMBRE, Enmanuel David Colmenares 18

Tercer premio
LLUVIA, Néstor Quadri 19

Menciones honoríficas 20

HACEMOS EL AMOR, Juan Fran Núñez Parreño 21
AJEDREZ, Miguel Ángel Real 23
DISTANCIA, María Antonieta Elvira-Valdés 24
EMBRIÓN, Adina Cassal 25
LIBRO, María Zully Bautista 26
APRISA, Araceli Blanco Rubio 27
VIVIRTE, Richard Rivera-Cardona 28

Siglemas 575 destacados 29

FOTOGRAFÍA, Enmanuel David Colmenares 30
DIFUNTA CORREA, Silvia Alicia Balbuena 32
CRUDA, Rebecca Morales 34
ZONA CERO, Edwin Gaona Salinas 35
DOLOR, José Leonel Campos Galán 36
OSCURIDAD, José Carlos López Otero 37
COLOR DESIERTO, Grissel Canche Albornoz 38

VENEZUELA, Alcides Ramón Meléndez 40

SOLEDAD, Martha Margarita Moschini 41

SOY METÁFORA VIVA, Mary Ely Marrero-Pérez 42

MURO, Juan Carlos Velazque 44

ALZHEIMER, Aníbal Delgado 45

LLUVIA, Orlando Pérez Manassero 46

ESPEJISMO, Reinier del Pino Cejas 47

CIRINEO, Honorio Agosto Ocasio 48

Siglemas 575 seleccionados 49

TODO Y NADA, Juan Fran Núñez Parreño 50

MÍA, Marcos Penott Contreras 52

GABY, Liliana Mabel Sandoval 53

HUELLAS, Miguel Ángel Real 54

BELLA, Mariano Daniel Gutiérrez 55

POÉTICA, Jorge Carlos Alegret 56

LOS ASES, Gabriel Meroli 57

LUCIÉRNAGA, Silvia Alicia Balbuena 58

TANGO, Claudio Sanseverino 60

LORCA, Claudio Sanseverino 61

BÉSAME, Rebecca Morales 62

ABORTO, Rebecca Morales 63

MUJER, Celia Karina San Felipe 64

LA VIDA ES SUEÑO, Carlos de la Cruz Suárez 65

CHIAPAS, Carlos de la Cruz Suárez 67

JOEY, Natashari Nazario 68

ARTE, Inocencio Hernández 69

DEMOCRACIA, Edwin Gaona Salinas 70

ÉL, Camila Valle Chacón 72

GRITAR, Camila Valle Chacón 73

NIETOS, Manuel Serrano Funes 74

DEDOS, Yajaira Álvarez 75

DADOS, Yajaira Álvarez 76

ANHELA, José Leonel Campos Galán 77

SILENCIOS, José Carlos López Otero 78

PARTIDA, Domingo Hernández Varona 79

JESÚS, Roig Fernández García 80

LLUVIA, Delimarie De León 81

LEJANÍA, Alva Cardona 82

PASIÓN, Juan Carlos Caraballo 83

ANHELOS, María Antonieta Elvira-Valdés 84

VERDAD, Ricardo Arasil 85

TORO, Ricardo Arasil 86

RITUAL, Andrés Pineda Correa 87

MILAGRO, Leonor Riveros Herrera 88

RABIA, Edna Lee Figueroa 89

COLIBRÍ, Alcides Ramón Meléndez 90

AMARTE, Jaime Agustín Ramírez Ibarra 91

TIEMPO, Martha Margarita Moschini 92

MARIPOSA, Eduardo Horacio Gury 93

VOZ, Edwin Colón Pagán 94

NATIVIDAD, Edwin Colón Pagán 95

MELANCOLÍA, Adina Cassal 96

TANTO, Emilia Marcano Quijada 98

MENDIGO, Mirza M. Camacaro R. 99

BEAUTIFUL WINGS, SÍ, Doris M. Irizarry 100

ELLA SE ESCAPA, Susana González Rico 102

RETORNAR, Susana González Rico 104

LEJANÍA, José Sahui Maldonado 105

LA LLAMA DE UNA VELA, María Berenice González 106

EL PINAR, María Zully Bautista 108

RENACER, Raúl Oscar D'Alessandro 109

PEREZA, Mynor Alberto Barrios 110

LIBERTAD, Yshamarie De Jesús Pérez 111

CASA, Silvia Gabriela Vázquez 112

TECHO, Silvia Gabriela Vázquez 113

AGUA EN MI BOCA, Mary Ely Marrero-Pérez 114

LA VIDA ES UN LLANTO, Josué García Cruz 116

INFIDELIDAD, Ángela García Vélez 118

PUERTO RICO, Ramón Torres Quesada 120

HOMOFOBIA, Ramón Torres Quesada 122

YO, Amneris de Jesús 123

TIERRA, Eduardo Bobrén-Bisbal 124

SIDA, Martin Gonçalves Cunha 125

DIOS, Martin Gonçalves Cunha 126

VIDA, Vanessa Pérez Morales 127

PLUMA, Adriana Villavicencio Hernández 128

AGUA, Jorge Alfonso Ruiz Galindo 129

VIAJEROS, María Del Pilar Reyes 130

VIVENCIAS, María Del Pilar Reyes 131

SAUDADE, Amelia Bravo Vadillo 132

MEDITERRÁNEO, Amelia Bravo Vadillo 133

SIGLEMA, Amelia Bravo Vadillo 135

OJO, Jhon Pier Boñón Mercado 136

LUZ, Jhon Pier Boñón Mercado 137

LONG DÚRE, Rubén Guzmán Escalante 138

INCIERTO, María del Carmen Sierra Burgos 139

SAL, Belén Olavarría Muñoz 140

DE UN PÁJARO LAS DOS ALAS, Noel León Rodríguez 141

SER, Maximiliano Sacristán 144

MARIONETAS, Luz Febus Ortiz 145

GENTE, Araceli Blanco Rubio 147

ABUELO TOTO, Julieta Loaiza Montes 148

MÍRAME, ERES TÚ, Hugo Gómez Jaime 150

LA PAZ, Rubén Darío Portilla 152

NOCHE ESTRELLADA, Aníbal Delgado 153

MAR, Alexander Vidaurre 155

LUNA, Christian Cachay Luna 156

PENA, Emilse Aponte 157

SOY, Santiago Ernesto Müller 158

BATALLAS, José María González 159

AQUÍ ESTÁS, Óliver Quijada 160

SOLEDAD, Aldo Medina Chávez 161

PÁJAROS, Adriana Gaido 162

AMOR, Rosaura Tamayo Ochoa 163

LUZ, Jonathan España Eraso 164

PAZ, Leonardo Escalante Méndez 165

POESÍA, Leonardo Escalante Méndez 166

LIBRE, Carmen Suero 167

LUNA, Lourdes Crespo Couto 168

VERDUGO, Maribel Núñez 169

RECUERDOS, Pedro José Biedma Pineda 170

DONDE HUBO FUEGO, Sandra Elisabet Pozzi 171

FUERZA, Madeline Santos Zapata 173

DISTANCIA, Miraida Villegas Gerena 174

EVA, Obdulia Báez Félix 175

VERDAD, Victoria Gómez Muñoz 176

ADIÓS, Reinier del Pino Cejas 177

DISTANCIA, Noel Ernesto Ramírez 178

NIETOS, Ivelisse Castillo Maldonado 179

ERES, Elena Beatriz Cantero 180

IN UTERO, Alina Canosa Delgado 181

AGUA, Mario Artcadia 182

VIDA, Mario Artcadia 183

VALOR, Daniel Bueno González 184

VIDA, María Eugenia Ruelas Hernández 185

YO, María Eugenia Ruelas Hernández 186

POESÍA, Norberto Garrone Vera 187

SOMOS, Marta Ester Ganzero 188

MAR, Lucero Castrillón Rubio 189

VIDA, Alecs Sandovski 190

DULCE, Sandra Naffah 191

ALMAS GEMELAS, Isabel Patricia Vázquez 192

MARÍA, MI HERMANA, MI VIDA, Elba Gotay Morales 194

TUS BESOS, Pedro Miguel Castro Ramírez 197

VIVA LA VIDA, Iván Parro Fernández 198

ESCLAVITUD, Honorio Agosto Ocasio 200

YO, Fabio Gabriel Sánchez López 202

EXTERNO, Daniel Népomuk 203

HOY, Porfirio Flores Vázquez 204

ISLA, María Moreno 205

TETAS, Irmarelis Ortiz Vázquez 206

NEBLINA, Arlene Irizarry 207

IMPOSIBLE, David Eliseo Corona 208

ESCLAVITUD, Manuel Brenes Morales 209

AMÉRICA, Carlos Pereira Franco 211

TÚ, Yeidi Altieri Sotomayor 212

A VECES, Sandra Santana 213

VALOR, Cándida Negrón 214

YO, María Ramos 215

VUELO, Lizzie R. Nevárez 216

CROCS, Ruth Giusti Rosa 217

PRÓLOGO

El *siglema 575* es una nueva forma poética de métrica breve y rima libre que se basa en la premisa de que "todo se originó de un punto, y cada cosa puede reducirse a un punto". Esta poesía minimalista nos permite concentrarnos en lo que sentimos y expresarnos en nuestro propio estilo, yendo directamente al grano, siguiendo la tendencia actual que nos lleva hacia lo que de verdad importa.

Un siglema 575 es un poema que se escribe en base a las letras de la palabra o palabras que definen su tema y que constituyen su título, que queda representado en mayúsculas, como una especie de acrónimo. Cada estrofa posee tres versos, de los cuales la primera palabra del primero debe comenzar con la letra correspondiente a la sigla que le toca. La métrica es 5-7-5, con rima libre. Por su naturaleza acrónima, las diferentes estrofas deben poder funcionar independientemente como un poema autónomo que trate el tema en cuestión, y en conjunto, como parte de un poema de varias estrofas que gire alrededor del mismo tema. En un siglema 575 hay tantas estrofas como letras posea el título.

El siglema 575 cuenta con reglas sencillas en cuanto a su construcción y métrica; permite usar la métrica natural o las licencias poéticas, si se desea. Al ser de temática y rima libres, le confiere al poeta el poder creador y conceptualizador desde el mismo título del poema. Si se siguen las reglas correctamente, el siglema 575 puede ser el primer paso en el descubrimiento de la poesía como una importante forma de expresión.

En su compromiso con la excelencia en la expresión escrita, Scriba NYC Soluciones Lingüísticas Integradas convocó al 4to. Certamen Internacional de Siglema 575 "Di lo que quieres decir" 2018, siguiendo el gran éxito obtenido en las ediciones anteriores del mismo en 2015, 2016 y 2017. Este año formaron parte poetas de dieciocho países de América y Europa, que enviaron más de 350 participaciones y abarcaron diversos temas. El jurado estuvo conformado por cuatro escritores destacados de tres países: Pedro Yajure Mejía (Venezuela), profesor de la Universidad del Zulia, poeta, ganador del segundo premio del Tercer Certamen Internacional de Siglema 575 "Di lo que quieres decir" 2017; Eliana Vásquez Colichón (Perú), poeta, escritora y promotora cultural; Rosa Margarita Hernández (Puerto Rico), escritora, autora de cuentos de locura, aparecidos y muerte; y Edwin Torres Aponte (Puerto Rico), poeta y *coach* ejecutivo organizacional. Ellos consideraron cada uno de los siglemas 575 participantes en cuanto a su lírica, minimalismo, conceptualización del tema en cada estrofa e integración de todas las estrofas en un poema que plasme el tema de inspiración.

El primer premio lo obtuvo MI PRINCIPITO, de Doris M. Irizarry (Puerto Rico); segundo premio HAMBRE, de Enmanuel David Colmenares (Venezuela); tercer premio LLUVIA, de Néstor Quadri (Argentina). Las menciones honoríficas recayeron en HACEMOS EL AMOR, de Juan Fran Núñez Parreño (España); DISTANCIA, de María Antonieta Elvira-Valdés (Venezuela/España); AJEDREZ, de Miguel Ángel Real (Francia); EMBRIÓN, de Adina Cassal (EE.UU.); LIBRO, de María Zully Bautista (Uruguay); APRISA, de Araceli Blanco Rubio (México) y VIVIRTE, de Richard Rivera-Cardona (Puerto Rico).

Di lo que quieres decir 2018 recoge los siglemas 575 premiados, así como una selección de los más destacados en el certamen. El terruño y la distancia, la naturaleza, la vida y sus anhelos, las pasiones, la política y la denuncia social, el dolor y la religión fueron algunos de los temas universales trabajados por un gran número de poetas en esta cita internacional. Asimismo, el yo, los seres amados, los objetos que nos rodean, el arte, e incluso la llama de una vela, entre muchas otras estampas, quedaron plasmados a través de esta forma poética bella, esencial y minimalista.

Scriba NYC Soluciones Lingüísticas Integradas agradece la concurrencia de los participantes en este encuentro y felicita a los poetas premiados, así como a todos los concursantes, por haber aceptado el reto poético del siglema 575, atreviéndose a *decir lo que quieren decir.*

Patricia Schaefer Röder, Editora

SIGLEMAS 575
PREMIADOS

Doris M. Irizarry
Puerto Rico

MI PRINCIPITO

Mástil sin vela
el mundo de mi niño
va a la deriva.

Isla cerrada
mi dragón vive solo
en su planeta.

Pájaro al viento
que aletea respuestas
desde el silencio.

Rema incansable
con su mirada esquiva
desde su nada.

Índice errante
no hay brújulas ni mapas
en su comarca.

Nómada frágil
en alas de ave fénix
sin paraíso.

Corre y se esconde
se mece infatigable
en su inframundo.

Impulsa un guiño
que muere en el intento
cuando me mira.

Pez asustado
atrapado en las redes
de su *autocosmos*.

Inventa historias
mi niño enajenado y
yo juego el juego.

Traza una raya
que fulmina de un soplo
mi gran cordura.

Ofrece un beso
mi dragón solitario y
vuelve a su cueva.

Enmanuel David Colmenares
Venezuela

HAMBRE

He vislumbrado
una tristeza sin pan
en mi terruño.

Alimento es
opaco y oscuro
en todas partes.

Miro la sombra
sollozan estómagos
dura desdicha.

Borrar comida
cometido de muchos
en mi comarca.

Revelad lucha
estimulada masa
yace milagro.

Estrella tocas
apetece firmeza
amor tricolor.

TERCER PREMIO

Néstor Quadri
Argentina

LLUVIA

Llueve en otoño
y en el suelo del parque
nadan las hojas.

La tarde oscura
enciende las farolas
bajo un diluvio.

Una descarga
de rayos y centellas
anuncia el trueno.

Viene su amada
y destellan las gotas
en sus pisadas.

Inspira un charco
a un poeta sentado
viendo la lluvia.

Amaina el agua
y entre los dos paraguas
se moja un beso.

MENCIONES
HONORÍFICAS

MENCIÓN DE HONOR

Juan Fran Núñez Parreño
España

HACEMOS EL AMOR

Hacemos siempre
lo que la pasión dice
obedecemos.

Amar es todo
lo que necesitamos
en nuestros cuerpos.

Cerrar los ojos
abrir manos y piernas
subir al cielo.

En el momento
sobra toda palabra
hablan los besos.

Mi piel, tu cuerpo
mi cuerpo, tu piel, juntos:
nuestros manjares.

Ofrendas puras
a los dioses carnales
ardor divino.

Somos un cuerpo
formado por dos cuerpos
un ser amante.

Entre nosotros
laten apasionados
los corazones.

Los besos vivos
los abrazos calientes:
nuestras palabras.

A la vez ambos
entregados en todo
sentir de pieles.

Mismas dulzuras
con distintos sabores
hasta saciarnos.

Ojos admiran
lo que manos y labios
tanto ansían.

Ropas tiradas
desnudeces tendidas
sentidos locos.

MENCIÓN DE HONOR

Miguel Ángel Real
Francia

AJEDREZ

Alfil de viento
mortal corteza de oro
muy acerada.

Jamás el tiempo
destroza los escaques
ni mi paciencia.

Entero el día
surge en la jugada:
tu piel se aburre.

Discreto y hueco
el tablero no me habla:
qué esperaba.

Redonda reina
con alfileres muerde
nuestras promesas.

Entre dos aguas
enroco mis caricias
contra tus muslos.

Zahorí muerto
nunca puedo aliviarte:
qué peón torpe.

MENCIÓN DE HONOR

María Antonieta Elvira-Valdés
Venezuela/España

DISTANCIA

Dilatación en
el espacio que libra
sus longitudes.

Inquebrantable
medida que desune
dos o más puntos.

Separación que
se redime desde la
imaginación.

Tanto logramos
hoy: tramitar, ver, cursar
en la distancia.

Afectos rotos
se miden en ruido, si
estás distante.

Nunca mayor el
cisma, si cerca hablas
y no te oyen.

Cuando hay amor
hasta los susurros se
perciben junto.

Incumple en el
tiempo los olvidos y
más los recuerdos.

Anchura que se
torna lejos o cerca
por circunstancia.

Adina Cassal
Estados Unidos

EMBRIÓN

Entonces llegas
tan pequeño, tan frágil
solo un suspiro.

Mamá, papá
se sorprenden, se miran
otra vez más.

Balbuceando
descubrimos palabras
nuevas, muy tiernas.

Respiro un aire
que ya respirarás.
Serás amado.

Inquietos meses
de espera, de preguntas
planes y sueños.

Oye, pequeño
quiero saber tu nombre
acurrucarte.

Nada más eres
unos pocos centímetros
un mundo entero.

MENCIÓN DE HONOR

María Zully Bautista
Uruguay

LIBRO

Lectura fugaz
tú acercaste a mis tantas
noches sombrías.

Imagen locuaz
a imperios lejanos mil
diste sentido.

Bocanadas hay
de saber y realismo
sobre tus hojas.

Ríos de letras
bordean tus márgenes
y giran al son.

Odas te canto
siempre a ti agradeceré
sabia información.

MENCIÓN DE HONOR

Araceli Blanco Rubio
México

APRISA

Así sucede
pasa el tiempo volando
sin detenerse.

Prisa por llegar
para estar a tiempo
en cualquier lugar.

Rápido, veloz
muchas cosas a la vez
y poder cumplir.

Impostergables
asuntos por resolver
debo apurar.

Suelto la rienda
y a todo galope
los resolveré.

Ante la vida
me dispondré a vivir
sin tanta prisa.

MENCIÓN DE HONOR

Richard Rivera-Cardona
Puerto Rico

VIVIRTE

Vino guardado
quiero lamer en tu voz
intransigente.

Inundar tu piel
de rutas y sudores
y desvelarte.

Viciar los miedos
dinamitar tus cercos
beber entrega.

Invocar al dios
parido por esta sed;
ser agua santa.

Respirar de ti
esos labios del tiempo
que no regresan.

Tener agallas
y cruzar los umbrales;
atravesarte.

Espuma rota
de vino guardado soy
que no te vivo.

SIGLEMAS 575
DESTACADOS

Enmanuel David Colmenares
Venezuela

FOTOGRAFÍA

Filigrana tú
eternamente marca
en la figura.

Ora imagen
reproducir estampa
en el retrato.

Temporal claro
el artista es hábil
en el grabado.

Ondulado ves
cabezada caracol
blanco y negro.

Gira el ¡clic! ¡clic!
un perfil como sombra
en el vistazo.

Ruta sensible
nace la escritura
en el mutismo.

Alma con ojos
en la naturaleza
¡bellos colores!

Fotógrafo tú
en el espectáculo:
montaña y mar.

Íngrimo centro
siglo de un reflejo
en la pantalla.

Amor, quebranto
en todas las épocas
plasma estela.

Silvia Alicia Balbuena
Argentina

DIFUNTA CORREA

Difunta mito:
Deolinda Correa
es de su pueblo.

Ígneos fuegos
honda determinación
iluminaron.

Febril búsqueda.
Mil danzas inquietantes
sus desvaríos.

Única, débil.
Cien fraguas de soledad
punzaron su piel.

Noches oscuras
abrasaron sin calmas
chango y dolor.

Tiñó caminos.
Senderos de ilusión
hollaron sus pies.

Arden sus sueños.
Los soles del desierto
llagaron su ser.

Caminó lento
apretada al niño.
Aliento final.

Oración, llanto.
Algarrobo y loma.
Muerte y vida.

Rezan y lloran
caminantes, creyentes.
Fieles promesas.

Rito pagano.
Folklore argentino
le rinde culto.

Emocionados
promesantes, creyentes
le calman su sed.

Aguas ofrendan.
Oratorios, altares:
signos de amor.

Rebecca Morales
Puerto Rico

CRUDA

Cómeme cruda
sin carnes en remojo
solo deseo.

Respirándonos
calando cada poro
eres mi dueño.

Urjo tu cuerpo
que muera sobre este
devorémonos.

Desdichada soy
si mi carne renuncia
a mis caprichos.

Amar, ¿para qué?
si de amor se muere
mejor a placer.

Edwin Gaona Salinas
Ecuador

ZONA CERO

Zapatos rotos
huyen con las urgencias
de muertes rosas.

Ojos dormidos
resuenan notas viejas
yendo a su cielo.

Nada anticipa
el trueno sorpresivo
solo es de todos.

Anda dormida
con lesnas escondida
robando calma.

Contra la turba
lunáticas se pierden
las olas vivas.

Ensucia venas
con fábulas oscuras
de carne y cuerno.

Resumes truenos
con lenguas asesinas
para ver muerte.

Osas temblar
para volver del tiempo
a flor de plantas.

José Leonel Campos Galán

México

DOLOR

Duerme al fin
que ya se esfumará
pronto se irá.

Ocultándolo
no lograrás curarlo
lastimará más.

Limpia tu alma
déjala volar libre
haz que sueñe.

Opácalo ya
el llorar no servirá
solo dañará.

Recuerda que
tu sonrisa es oro
muéstrala, ¿sí?

José Carlos López Otero
Puerto Rico

OSCURIDAD

Ocaso eterno
que extingue la luz
sin esperanzas.

Sentencia cruel
de almas desgraciadas
sin alegría.

Cero a la izquierda
corazón quebrantado
sin más motivos.

Usurpador
de paz y sentimiento
sin más conciencia.

Recuerdos rotos
percepciones nubladas
sin más memoria.

Inconsecuente
confuso laberinto
sin más salida.

Depresión vil
que la mente afliges
sin coherencia.

Ahora veo
lo que de verdad eres
sin más disfraces.

Doy la batalla
para un día vivir
sin extrañarte.

Grissel Canche Albornoz
México

COLOR DESIERTO

Celeste duerme
y su cuerpo desprende
mil luciérnagas.

Ondas discretas
surcan entre la arena
un tono ausente.

Luna australiana
en su carmín contagia
claro paisaje.

Ocre jaspeado
tiene dunas pequeñas
tu miel rocosa.

Risas entre sal
arrastran en su matiz
toda tristeza.

Duele pisarte
cuando en los rayos de sol
tu piel despierta.

El silencioso
escarlata nocturno
mancha la arena.

Serpientes, zorros
dingos y escarabajos
dibujan grecas.

Igual que nieve
tu presencia se extiende
desesperada.

Existe un velo
con el sabor salado
en su paisaje.

Rara palmera
de agua distorsionada
tiene espejismo.

Tromba y brezales
han tejido chalecos
a los camellos.

Orillas verdes
no opacan tu grandeza:
blancura seca.

Alcides Ramón Meléndez

Venezuela/EE.UU.

VENEZUELA

Vamos, la lucha
es incesante, larga
atrás nunca más.

Es trágico el
momento y aciago
el horizonte.

Nuestra bandera
patria, tremolar pide
gloriosa asta.

Enarbolada
altiva sin mancilla
¡tiranos, fuera!

Zafarrancho ya
a bayonetas calar
combate llama.

Unidos, listos
oprobiosos felones
debemos echar.

Esperanzada
libertad, flama pendón
onda izada.

Llegarán pronto
campanas al celeste
preces repicar.

Alborozados
corazones gritarán
¡independencia!

Martha Margarita Moschini

Argentina

SOLEDAD

Soy peregrina
ayer, hoy y mañana
búsqueda sin fin.

Ojos inquietos
miran hacia adentro
miran y sienten.

Laberinto soy
poblada de encuentros
paz y sosiego.

El tiempo es hoy
asumo el desafío
nunca es tarde.

Domingo... tan gris
lo íntimo abriga
afuera llueve.

Abrazo sueños
imagino utopías
camino, vivo.

Doy gracias a Dios
el sol me ilumina
me asombro... soy.

Mary Ely Marrero-Pérez
Puerto Rico

SOY METÁFORA VIVA

Silencio, amor,
la metáfora viva
que en ti soy siempre.

Ostento el peso
de tus significantes
sobre mi piel.

Yaces en mí
como mil metonimias
que se encadenan.

Me rindo a besos
de sinécdoques vívidas,
de labios tiernos.

Enredo el alma,
cual sinalefa es puente
de dos amantes.

Te animalizo
entre mis piernas tímidas
y enloquecemos.

Ángeles somos
concatenando vuelos
de almas caídas.

Fugaz y eterno:
deliciosa antítesis
que me hace tuya.

Odio tenerte:
paradoja, traición
de amar perderte.

Regresas mudo
buscando apalabrarte
entre mis manos.

Acoges tuyo
mi pesar de poeta
y exhalas rimas.

Vagas por mí
y me hago verso libre,
sin pie forzado.

Izas tu anáfora
en mi lírico cuerpo
que te respira.

Vamos anclándonos
en poiesis de amor
sobre la piel.

Atesoremos
nuestros encuentros lúdicos
en el papel.

Juan Carlos Velazque
Argentina

MURO

Mañana extraña
el sol encandilaba
y despertamos.

Una palabra
solo una pronuncié
ante el silencio.

Roto el mutismo
esperé tu respuesta
eras un muro.

Obnubilado
solo vi una pared
no vi tus ojos.

Aníbal Delgado

Puerto Rico

ALZHEIMER

Auscultar mente
en busca de recuerdos
quizás perdidos.

Locura mental
desgaste cognitivo
demencia senil.

Zarandeándonos
memoria confundida
desbarajuste.

Historias vanas
barahúnda, enredo
pensar no puedo.

Enredo total
de antaños recuerdos
doble sentido.

Incertidumbre
anarquía en velo
rememoración.

Muerte cerebral
con vida aparente
poco a poco.

Entendimiento
perspicacia perdida
reminiscencias.

Registros vanos
añejos pensamientos
que se escapan.

Orlando Pérez Manassero
Argentina

<u>LLUVIA</u>

La tarde de gris
desahoga su pena
en leves gotas.

Lentas descienden
germinando paraguas
por las aceras.

Un ir y venir
de gente espejada
en tersos charcos.

Vanos reflejos
que el viento encrespa
en ondas que van.

Intento tocar
tu imagen de agua;
efímera es.

Acaso también
yo soy una ilusión
en la tarde gris.

Reinier del Pino Cejas
Cuba

ESPEJISMO

En mi cansancio
se levantan árboles
de fantasía.

Salen espectros
de las fauces del sueño
que me posee.

Pasa tu imagen
y al sentir de mi tacto
desaparece.

El horizonte
se disfraza con trucos
para engañarme.

Jadea mi mente.
Mis fantasmas parecen
volverse carne.

Islas emergen
desde el mar solitario
de mi fatiga.

Sorbo las piedras
que recogí en mis manos
cuando eran río.

Mi cuerpo cede.
Me abrazo de una madre
Que no es mi madre.

Olas de arena
me llevan a mi puerto.
¿Me traen acaso?

47

Honorio Agosto Ocasio
Puerto Rico

CIRINEO

Cargaste la cruz
del Varón de Dolores
con gran dignidad.

Infame acción
te llevó a abrazar
al Hijo de Dios.

Rumbo incierto
copado de espinas
tomaron tus pies.

Inadvertido
subiste al Calvario
del brazo de Dios.

Nada ni nadie
igualará tu gesta
buen Cirineo.

El Gran Maestro
bendijo para siempre
tu nombre, Simón.

Obraste con fe
movido por el amor
genuino de Dios.

SIGLEMAS 575
SELECCIONADOS

Juan Fran Núñez Parreño
España

TODO Y NADA

Todo podría
darte del mundo pero
sería nada.

Oro, tesoros
a tu lado no valen
porque son nada.

Diamantes, joyas
son insignificantes
no valen nada.

O darte flores
hasta la luna darte
serían nada.

Y digo todo
esto porque mereces
más, más que todo.

Ni las palabras
por amor más bonitas
también son nada.

Aunque te diese
el planeta completo
sería nada.

Dártelo todo
solo es nada de nada
tú más mereces.

Al final solo
te doy toda mi vida
con amor llena.

Marcos Penott Contreras
Venezuela

<u>MÍA</u>

Mi negra, amor
de cacao y café
dulce convicción.

Ígnea pasión
es descubrirte aquí
desgarrándome.

Absorto pude
entender que ya sin ti
vivir dolía.

Liliana Mabel Sandoval
Argentina

GABY

Glicinas suaves
y perfume de rosas
cuando llegaste.

Azul profundo
en el inmenso valle
de tu milagro.

Besos, caricias
jugaron y volaron
con los zorzales.

Ya no te tengo
no estás en nuestro patio
solo la pena.

Miguel Ángel Real
Francia

HUELLAS

Horado nubes:
hasta mis cicatrices
son doblegadas.

Ungida arena
por mis pasos tan bastos:
añiles, iris.

Entero el aire
propulsa los hastíos
de paseos grises.

Ligero y ronco
invasor de tu coto
en trashumancia.

Labios que dejan
frutas ardiendo, cuello
tan anegado.

Almirantazgo
que nunca rige azares:
abrir caminos.

Solitario
rebusco en cada rastro
tu presencia.

Mariano Daniel Gutiérrez

Argentina

BELLA

Buena por siempre
no supe respetarte
llegué a dolerte.

El juez enciende
la sangre en mis esposas
cae mi suerte.

Labios de rosa
me salva lo que mientes
voz milagrosa.

Linda inconsciente
perdonas mi espantosa
vida imprudente.

Arrodillado
si libran mis grilletes
te doy mi muerte...

Jorge Carlos Alegret
Argentina

POÉTICA

Parto de letras
el dolor de la carne
se va en carne.

O claroscuros
sombras enamoradas
y granos de luz.

En el poema
tiempo transfigurado
en sal de amor.

También médanos
de soledades viejas
y voces muertas.

Injertos de mar
en tus piernas, persisto
en ser escrito.

Como estrellas
que muertas iluminan
al despojado.

Ars poética
lo que se desvanece
quema el verso.

Gabriel Meroli
Puerto Rico

LOS ASES

Límpidos estos
cual sabor agrio son
sintiendo bocas.

Ombligos truncos
otrora rechazados
hoy venerados.

Sálense dioses:
seda acaracolada
de manjar prieto.

Arropes libres
de tueste caribeño
pósense en mi yo.

Soleadas son
de pliegues arenales
van espumándose.

Eméticos van
escurriendo mi psiquis
al yo palparles.

Siéndome de ti
al salir de este cuerpo:
fuego tornándome.

Silvia Alicia Balbuena
Argentina

LUCIÉRNAGA

Libre incendias
fosforescencias verdes
brasas mágicas.

Utopía de luz
cocuyo encendido
en nuestras calmas.

Cortejo de amor
volteretas de aire
iridiscentes.

Incandescente
atizas esperanzas
quemas quimeras.

Espectáculo:
tus alas transparentes
son inquietantes.

Resplandor sutil.
Amor bulle en tu ser
parpadeante.

Noches azules.
Libélula de fraguas.
Vuelo de amor.

Amalgamas tú
en cielo y paisaje
sueños y chispas.

Grácil fantasía
amparas debilidad
vida de faro.

Alucinada
soy luciérnaga de fe
para tus nadas.

Claudio Sanseverino
Argentina

TANGO

Tiempo y espacio
buenos aires te acunan
sobre adoquines.

Abrazo largo
no vacila ni un soplo
sobre tu pecho.

Noche tan noche
que desespera al fuelle
cuando respira.

Gardel sonríe
el gran pulmón de Astor
abraza musas.

Olvido. Trenzas.
Nostalgias. Cambalache.
Malena canta.

Claudio Sanseverino
Argentina

LORCA

Luna de luto
fanal plateado y mudo
gota de sangre.

Otros repartos
tuvo el teatro un día:
amor y noche.

Rezo gitano
se enarboló en el aire
como sahumerio.

Canciones negras
llantos amarillentos
copla morada.

Ante la vida
recorre tu rayuela
sola, la muerte.

Rebecca Morales
Puerto Rico

BÉSAME

Bésame fuerte
devuélvemelo todo
caricias mustias.

Eternamente
labios de terciopelo
dormitan al sur.

Sumisa, sutil
mi piel sucumbe en ti
placer perene.

Afrodisiaca
es tu lengua que frota
poros calados.

Mármol fundido
tus besos en mi nuca
en mi espalda.

Entrelazados
pecado y lujuria
se besan hoy.

Rebecca Morales
Puerto Rico

ABORTO

A veces pienso
si solo es mi cuerpo
soy egoísta.

Busco respuestas
en sangre inocente
soy filicidio.

Oscuridades
que empañan la vida
yo soy la muerte.

Reencarnados
condenados a nacer
soy dios del karma.

Tiempo ingrato
taladrando conciencias
soy la tempestad.

Ondisonante
son tus quejidos... mueres
soy inocente.

Celia Karina San Felipe
Guatemala

<u>MUJER</u>

Modo bien del ser
como mezclar cálidas
aguas de cristal.

Untándome al
amanecer ¡con Todas
las Aguas en Ti!

Juntas amamos
entre lotos, ¡y Aguas
en nuestros labios!

En el espejo
navegante: las Aguas
florales del mar.

Reverencias, en
los juntos cuerpos, ¡a Tus
Aguas... ¡TODAS DOY!

Carlos de la Cruz Suárez

México

LA VIDA ES SUEÑO

La vida es breve
disfrútala a placer
como se debe.

Ama, abraza y
besa como la luna
a los desvelos.

Vive y sueña que
la vida es bella y a ella
no demos pena.

Imagínate
Clarín o Estrella infanta
que bella canta.

Di dos o tres
al ver las cometas que
antes fueron pez.

¡Ah, que suerte de
vida! que corriste al
par de los tiempos.

Enamorando
a la gente, engendrando
todos los sueños.

Si de la Barca
viviera, entre sus brazos
sueños meciera.

Sencillamente
porque la vida duele
hasta los tuétanos.

Un sueño es lo
que nos separa de la
vida y la muerte.

Entendamos que
la vida es un teatro
eso y mucho más...

Ñiques a veces
la vida nos da, trompos
que giran y ya.

¡Odas alegres!
la vida es un suspiro
breve despertar.

Carlos de la Cruz Suárez
México

CHIAPAS

¿Cómo olvidarte
Chiapas lindo y querido
si aquí he nacido?

Heroica tierra
de mujeres hermosas
y hombres valientes.

Inagotables
sones que la marimba
invita a bailar.

Algarabía
en el carnaval zoque
con el calalá.

Pueblos mágicos
parachicos y chuntá
gente milenial.

Agradecido
con la vida de nacer
en tierra jaguar.

Si he de dormir hoy
que sea a las orillas
del Chichonal.

Natashari Nazario
Estados Unidos

JOEY

Jueves que ya no
estás a mi lado hoy
cambiaste todo.

Ojos de amor
que enamoran cada
vez a las niñas.

Eterno tiempo
cuando cantas canciones
que me derriten.

Y aunque no seas mío
siempre te querré como
si lo fueras hoy.

Inocencio Hernández
España

ARTE

Ausculté tu voz
en el silencio voraz
de los sin nombre.

Respirar el fin
la muerte de un beso
iniciático.

Traduje sombras
y platillos volantes
para amarte.

Eres destiempo
eres Lorca sin erre...
mar, tierra, arte.

Edwin Gaona Salinas
Ecuador

DEMOCRACIA

Duerma señora
con las ganas soñadas
de gran tropel.

El circo cae
con gobierno de engaño
y almas sin nada.

Mira al poder
con traición delirante
es dictadura.

Ominosa es
frente rutas de puño
con balas suyas.

Con las mentiras
se envuelven los cadáveres
de obreros tuyos.

Riegas justicia
en la senda cercana
y nunca llega.

Armas castillos
con mazmorras ocultas
dobles mentiras.

Comes vocablos
con panfletos de mundo
por nada de almas.

Ingenias sueños
de cantos y victorias
todos al aire.

Amas blancuras
con héroes dormidos
y alma vencida.

Camila Valle Chacón
Ecuador

ÉL

Éramos almas
de conjugaciones
asimétricas.

Luna fugaz
en inviernos febriles
de poesía.

Camila Valle Chacón

Ecuador

GRITAR

Gris el silencio
de tu turbia mirada
cuerpo sin alma.

Rimas y versos
naufragan en texturas
tintas sin color.

Imagíname
desnuda y estéril
sin voz, ni un yo.

Temor de querer
ser libre y libertad
en cuatro rejas.

Atisba ilusión
de esas lunas amantes
en cielos neón.

Rehén del caos
en las escalinatas
de una ciudad.

Manuel Serrano Funes
España

NIETOS

Nublas mi ser
trastocas mi objetivo
cuando me miras.

Intuí la luz
de tus ojos azules
en el espejo.

Estrellas frías
calentad nuestro techo
hasta que él llegue.

Tras los cristales
lloran miles de lágrimas
por tu cariño.

Oigo tu voz
si el tibio viento sopla
a tu llegada.

Solo esperamos
que sea la hora buena
para estrujarte.

Yajaira Álvarez
Venezuela

DEDOS

Dedos que calzan
brazos del mundo auguran
niños del alba.

Escriben sol
en alas de una nube
que desvaría.

Destejen, tejen
muñecas de hilo y trapo
airosa infancia.

Ofician guerras
toman café, saludan
mueren de frío.

Suturan llagas
de los dedos del pie
de hombre invisible.

Yajaira Álvarez
Venezuela

DADOS

Danzan en manos
que agitan en el aire
juegos de niños.

Apuesta un hombre
su bolsillo endeudado
pobre más pobre.

Donan sus caras
a los hilos del sino
del universo.

Ojos del dado
como llantos del alma
caen sin abrigo.

Satinan noches
de odisea acunada
en mares largos.

José Leonel Campos Galán
México

ANHELA

Aclamando ya
deseos en la vida
se van a cumplir.

No dejes vencer
aquella esperanza
que vive dentro.

Hoja tras hoja
plasmando alegría
con una risa.

Explora tu ser
busca en tu corazón
aquel sueño.

Lucha por ello
estremece al mundo
con tu pasión.

Añora vida
llénala con ideal
no has de parar.

José Carlos López Otero
Puerto Rico

SILENCIOS

Somos ausencias
presas de omisiones
sin consecuencias.

Intentos nulos
de enmendar la distancia
de nuestras almas.

Lamento eterno
de momentos perdidos
por cobardías.

Espacio vasto
entre cada palabra
que te dedico.

Nace y caduca
el verbo en mis labios
al ver tus ojos.

Ceden las fuerzas
por miradas distantes
que no me hablan.

Incertidumbre
al recibir a cambio
cruel apatía.

Ofrenda muda
el poema escrito
para ti, musa.

Soy el silencio
plegaria taciturna
ante tu ausencia.

Domingo Hernández Varona
Estados Unidos

PARTIDA

Parpadeo que
descendió por mi rostro
lágrima muda.

A pesar iba
yo muy lejos, muy lejos
me fui ligero.

Rasgado cielo
miraba mi partida
sutil silencio.

Tanteos, vuelos
agolpados recuerdos
de viejas calles.

Ilusiones en
mi corazón deshecho
pájaro muerto.

Dúctil insecto
volando los bombillos
se fue mi sombra.

Ahora muero
de nostalgia, camino
emigro, pienso.

Roig Fernández García

Costa Rica

JESÚS

Justo lo dijo
sin morder el orgullo
todo lo puedes.

Es requisito
antes que cualquier cosa
clamar mi nombre.

Si no se hiciere
de la cruz caería
un gran pecado.

Usted asienta
y si no reproduce
de nada sirve.

Su noble germen
cómo quedó esparcido
en tierra justa.

Delimarie De León

Puerto Rico

LLUVIA

Lento caer
en mi piel, invisible
gota de cielo.

Llanto risueño
que goza tu llegada
encuentro nuestro.

Unión escrita
que guardaba el destino
y el dueño tiempo.

Venda que cae
que me ha abierto los ojos
y puedo ver.

Iridiscente
un amor taumatúrgico
brinda el color.

¡Alma, contempla!
colores de la lluvia
y del amor.

Alva Cardona
Puerto Rico

LEJANÍA

Las olas cuentan
las verdades del mar en
tenues susurros.

Escucho atenta
los mil y un rumores de
naufragios.

Juro oír sirenas
océanos de voces
en la marea.

Agitando el
oleaje con sus gritos
y canciones.

Nadando millas
y mares, hemisferios
y horizontes.

Intemperies
lo que se interponga
en el trayecto.

Aunque sean
islas, o continentes
o silencios.

Juan Carlos Caraballo

Puerto Rico

PASIÓN

Pensando en ti
en tus pechos sublimes
embriago mi ser.

Atónito voy
por el licor de tu piel
al amanecer.

Soy inconsciente
de la fuerza que embistes
con tu mirada.

Idealizando
en insistencia febril
cada mañana.

Ósculos narran
eróticas maneras
cual emboscadas.

Nublas mi juicio
y no quiero ser libre
de tus diableadas.

María Antonieta Elvira-Valdés
Venezuela/España

ANHELOS

Algo cuelga en
el recuerdo de todos
los expatriados.

Noches turbias se
envuelven con deseos
y certidumbres.

Huellas nuevas que
se empinan de cara
a la libertad.

Emancipa la
Patria, que sigue firme
en la memoria.

Luces preñadas
apuran el canto a
la esperanza.

Olvidos rotos
juventud vehemente
daños silentes.

Sueños que van y
vienen, irreverentes
y palpitantes.

Ricardo Arasil
Uruguay

VERDAD

Victorias crean
sobre las falsedades
nuevas palabras.

Emancipadas
sobrevuelan tu cielo
de la esperanza.

Reconstituyen
sus sílabas de ensueño
y nueva vida.

Difieren solo
al cambiar intenciones
significantes.

Alcanzan vuelos
de magnitud distinta
a la buscada.

Donde no mienten
es donde ven de cerca
llegar la muerte.

Ricardo Arasil
Uruguay

TORO

Tiembla mi estampa
llora esfuerzos y sangre
sobre la arena.

Odiosa lucha
con trasgresión y trampas
buscan mi muerte.

Reivindicando
tu espada y un capote
con lentejuelas.

¡Olé! es el grito
detrás del cual ocultas
tu cobardía.

Andrés Pineda Correa
Colombia

RITUAL

Restos de hombre
se dejan en olvido
entre los cielos.

Ilusión no más
sin verdad absoluta
solo mentira.

Triunfadores hoy.
Muertos en los combates
mártires en cruz.

Un dios sin habla
solo en paraíso
observándonos.

Ahora, nunca
reza por mí y por ti
por los humanos.

Luego, él llora
sabiendo obsoleto
está muerto ya.

Leonor Riveros Herrera
Colombia

MILAGRO

Mamá no está.
¿A dónde se ha ido?
Me hace falta.

Irradia mi faz
el sol de la mañana
anunciando paz.

Lejos de casa
la esperanza huye
no sé qué hacer.

Alguien escucha
mi llanto y mi ruego
y me abraza.

Gracias señora
por venir hasta aquí.
Me siento solo.

Respondió ella:
Ya no te preocupes.
Pronto llegará.

O tal vez veas
su sonrisa y su voz
al atardecer.

Edna Lee Figueroa
Estados Unidos

RABIA

Rabieta fea
maravillosamente
liberadora.

Arrebato de
estereotipado
son viejo sin son.

Brindo por tu ser
iracundo y alto
por tu aliento.

Ira completa
que sana, llena y
alivia mi ser.

Antipatía
necesaria, cólera
humanitaria.

Alcides Ramón Meléndez
Venezuela/EE.UU.

COLIBRÍ

Con frenético
aleteo buscas besar
el néctar floral.

Ondas, espiral
fornece cuerpecito
goloso, tenaz.

Liba edulcor
fragante y límpido
de rosas flores.

Ingestas, zumos
de aromas jazmines
efluvios, en fin.

Brincas y saltas
del capullo al brote
amor, jardín.

Rosales lucen
empalagoso halo
lujuria dulce.

Incienso furia
avecilla y frágil
galán del vergel.

Jaime Agustín Ramírez Ibarra

México

AMARTE

Adagio por él
pauta acompasada
síncopa en Do.

Minueto lento
acompasado bemol
silencio en Fa.

Acentuó nota
vibrato a tu tiempo
trémolo solo.

Reverberación
demasiado corta es
tardía nota.

Tesitura en
melodiosas vocales
solo minueto.

Estudio fuga
doble sostenido en
tu nota suave.

Martha Margarita Moschini
Argentina

TIEMPO

Te necesito
tiempo, para nacer y
crecer... y amar.

Irradias calor
color, aromas, sabor
gozos, angustias.

Eres límite
impones la urgencia
y la espera.

Maduras, secas
diluyes, anonadas
revives, sanas.

Perduran solo
recuerdos y nostalgias
solo vivencias.

¡Oh! Quizás somos
eterna fugacidad
suspiro... tiempo.

Eduardo Horacio Gury
Argentina

MARIPOSA

Mansa se para
sobre el rosal galano
la mariposa.

Apenas luego
se tiende en vuelo en busca
del sol altivo.

Rauda se aleja
mas vuelve en compañía
de abeja hermosa.

Inspiradora
es, para quien la mira
su loca danza.

Pasado un rato
llega al jardín un ave
canora y dulce.

¡Oh, la hermosura
que en el vergel me brinda
Naturaleza!

Son trino y alas
dos magias que, en la tarde
forjan mi anhelo.

Así yo tomo
el lápiz y, entre ensueños
hago el siglema.

Edwin Colón Pagán

Puerto Rico

VOZ

Vibras altiva
derramando verdades
por las orillas.

Olas sazonan
la diversidad libre
espuma fresca.

Zambullir hondo
letras, palabras, ecos
sobre la arena.

Edwin Colón Pagán
Puerto Rico

NATIVIDAD

Néctar de leche
efusión prematura
sobre la blusa.

Acariciando
inexplorados pechos
bautiza lunas.

Tetas de azúcar
hemisferios sabrosos
van desinflándose.

Imagina ser
alquimista de sueños
bosteza y mama.

Vientre prestado
a su hermana gemela
karmas distintos.

Invocando ella
a Salomón, eclipsa
fugaces dudas.

Destella la paz
polinizan sus almas
metamorfosis.

Arboreciendo
las semillas de ángeles
y de unicornios.

Duendes bendicen
al niño *in vitro*, madres
inmaculadas.

Adina Cassal
Estados Unidos

MELANCOLÍA

Mil cien recuerdos
se esconden en el mar
con las estrellas.

Extraño eñes
jotas y el ronroneo
de vivas erres.

Los Andes más
sus brazos, manos, dedos
me llaman ¡Ven!

Ajena en esta
tierra, vivo, trabajo
sonrío, lloro.

No encuentro aquí
el sabor de tus frutas.
Hambrienta, busco.

Confusos sueños
me despiertan. ¿Dónde estoy?
Ya no lo sé.

O es que tal vez
extraño solamente
sueños de ayer.

Latinoamérica
no me olvides, te pido
yo no te olvido.

Inconfundibles
los ritmos que me dieron
tus calles, cantos.

A veces quiero
solamente un abrazo
y olvidarte.

Emilia Marcano Quijada

Venezuela

TANTO

Tanto decimos
a veces, y qué poco
fluye y se queda.

Ayer pensamos
demasiadas palabras
que no dijimos.

No hablamos mucho
porque no es tan urgente
verbalizarlo.

Tanto soñamos
a veces, y qué poco
se cristaliza.

Otro día. No
hay nada que decir
solo escribirlo.

Mirza M. Camacaro R.
Venezuela

MENDIGO

Me estremecí
con su frágil figura
veloz llegó.

En arrebato
de mí sustrajo el pan
que en vano halé.

No pude odiarlo
aunque me despojó:
¡No lo sentí!

Día vacío...
Sin afecto, sin pan.
¿Están deshechos?

Inmenso el frío
del corazón humano
que desvanece.

Guijos, navajas
en el cuello del pobre
con sed y penas.

Oremos todos:
¡Por paz, por hilos fuertes
para el quebrado!

Doris M. Irizarry
Puerto Rico

BEAUTIFUL WINGS, SÍ

Bajo mi flanco
el tiempo rompe agravios
por eso vuelo.

Éter al viento
ligeritas las alas
boca de ensueño.

Al paraíso
un viaje de ida y vuelta
te garantizo.

Urjo la entrega
acribillo la ausencia
me bebo el mundo.

Tejo las pajas
con el sol de mis noches
satelitales.

Iriso el aire
tu olor, la piel, los besos
hasta que yazgas.

Faulkner, La Turner
Jonatán, la Pizarnik
la vida, me hacen.

Una escapada
al otro extremo del bien
no está tan lejos.

Llevo un museo
pleno de mariposas
pared adentro.

Whisky en las rocas
plumas y transparencias
son mis *love potions.*

Invento el cielo
y te absuelvo con besos
de terciopelo.

No cabe el miedo
mi corazón destierra
bajo el ombligo.

Gruta de ángel
beso de Magdalena
culto al olvido.

Se hace de acero el
corazón de hojalata
vendo ilusiones.

Silla, tacones
y en bandeja de plata
la *beautiful wings.*

Ícono al margen
venida del infierno
rota por dentro.

Susana González Rico
Venezuela/España

ELLA SE ESCAPA

Él no la mira.
No quiere enfrentarse
con su yo-monstruo.

Le avergüenza
la sombra en sus ojos
y el miedo.

Lo ve hundirse
en su barco de sopa.
Sabe que perdió.

Aunque le duele
el golpe del pómulo
ella sonríe.

Silenciosa ha
preparado la huida
y su maleta.

Espera solo
a que llegue la hora
la noche, al fin.

Entretenida
repite una canción
en su cabeza.

Sin apetito
lo mira comer lo que
ella preparó.

Cuenta minutos
reza porque acabe
que llegue el fin.

A ratos duda
de su propia osadía.
¿Pero qué he hecho?

Pero entonces
recuerda cómo era
la vida sin él.

Antes del miedo
antes de las palizas
y del veneno.

Susana González Rico
Venezuela/España

RETORNAR

Regresarás tú
a casa algún día
como prometí.

Enterrarás tú
las maletas que fuimos
en el olvido.

Transitarás tú
los caminos de vuelta
mientras te miro.

Olvidarás tú
cada gota de llanto
mis pesadillas.

Recogerás tú
la cosecha que quedó
secando al sol.

Navegarás tú
el océano frío
que me ahoga.

Abrigarás tú
mi cuerpo en la muerte
que es mi cama.

Regresarás tú
a lo que perteneces
y su herencia.

José Sahui Maldonado
México

LEJANÍA

La noche triste...
es extremadamente
más triste sin ti.

Esclavizado
por el recuerdo azul
de tu mirada.

Juro que no sé
por qué sin tu presencia
yo no me encuentro.

Ahora todo
está volviéndose gris
color de ausencia.

No puedo dejar
de seguirte soñando
aunque no estés.

Imaginando
que la noche avanza
y nos envuelve.

Anhelo poder
convertirme en sombra
siempre tras de ti.

María Berenice González Godínez
México

LA LLAMA DE UNA VELA

Listón sólido
hecho para escupir
imaginación.

Arma que vive
con la chispa dañina
de una brasa.

Luminiscencia
carbonizadora de
vida y tiempo.

Liberación de
esencia de héroes
mitológicos.

Ardor que viene
de la energía de
blancas estrellas.

Metamorfosis
de luz contenida en
trozos de cera.

Aleteo que
se mueve con el viento
y los respiros.

Diurno momento
en la obscuridad de
la habitación.

Encuentro con el
silencio de épocas
góticas frías.

Unicidad del
fuego que desbarata
la piel pálida.

Nunca detiene
su parpadeo como
el brillo del sol.

Antorcha breve
que guarda la historia
de los humanos.

Visibilidad
de los minutos cae
como lágrimas.

Extracto de la
tierra que ilumina
nuestra memoria.

La muerte de la
llama huele a ritual
a veneración.

Agonía del
resplandor dejará el
hilo de humo.

María Zully Bautista
Uruguay

EL PINAR

Empinándose
mecen fronda de jade
cual verde mar.

Lucen sus ramas
rectos brazos en uve
como victoria.

Pinar esbelto
de sublimes fragancias
embriágame.

Islas de cielo
sobre oscuro mantillo
lanzan haz de luz.

Nidos cobijas
entre plumas y crías
de aves cantoras.

Altivos troncos
hacia efímeras nubes
en intenso azul.

Rincón de ensueños
de anaranjado colchón
y frescas setas.

Raúl Oscar D'Alessandro
Argentina

RENACER

Roca fiel de luz
persistiendo dentro mío
con afán vital.

Elevada fe
que derrama su gracia
iluminando.

No es posible
evitar tu presencia
omnipresente.

Amar tu lema
y seguir tu camino
son mis anhelos.

Creo en tu razón
al retorno de vida
en nuevo cielo.

Espero en paz
resistiendo el tiempo
esperanzado.

Resuene mi voz
en alabanza a ti.
He de renacer.

Mynor Alberto Barrios
Guatemala

PEREZA

Pasan los días
y espero mañana
darle inicio.

Escucho, miro
creo que tengo miedo
mejor espero.

Raro el tiempo
aprisiona el sueño
me desanima.

Espero otras
que me motiven siempre
hoy ya no puedo.

Zaguero estoy
anclado a lo viejo
guardo silencio.

Anímame tú
consorte osadía
mañana será.

Yshamarie De Jesús Pérez
Puerto Rico

LIBERTAD

Libélula con
alas púrpuras es la
mente poeta.

Imaginación
de musas ancestrales
y etéreas.

Brisa de versos
mastican y escupen
papel y tinta.

¡El lápiz bomba!
Soldado armado de
sueños y fuego.

Rompe cadenas
exprésate ahora
¡levántate ya!

Tiene coraje
un poeta con lápiz
grita libertad.

Alza espada
que es el pensamiento
revoluciona.

Dinamita por
las venas y los dedos
versos estallan.

Silvia Gabriela Vázquez
Argentina

CASA

Cuento de niños
puerta siempre cerrada
simple cobijo.

Ángel que abraza
como si fuera fácil
olvidar todo.

Se vuelve albergue
hospedaje y abrigo
hogar perenne.

Aunque lo intenten
las paredes sin alma
jamás alcanzan.

Silvia Gabriela Vázquez
Argentina

TECHO

Trata, no puede
cubrirnos del peligro
de la intemperie.

Es a dos aguas
de tejas relucientes
recién pintadas.

Calidad "Premium"
carísimo, perfecto
insuperable.

Hay tantos techos
tan llenos de goteras
frágiles chapas.

¿O no comprendes
que el único que ampara
es quien nos ama?

Mary Ely Marrero-Pérez
Puerto Rico

AGUA EN MI BOCA

Amanezcamos
abrazados a sueños
nuevos, mojados.

Garanticemos
besos ensalivados
que alivien sed.

Untemos frías,
agua y vida, en la boca
para salvarnos.

Amemos hoy
la cercanía ardiente
de nuestros labios.

En cada beso,
tu miel nutre mi vida
con esperanza.

Navego en mar
de éxtasis primigenio
allí, en tu boca.

¿Me nombras tuya
si en ósculos te trago
amermelado?

¿Inicia todo
recorrido gustoso
desde los labios?

¿Beldad te nombro
si me consumes toda
azucarada?

¿O el agua espera
besos en sus orillas
para brindarse?

Canta respuestas
el río que nos corre
por la garganta.

Albergo labios,
los nuestros, los que danzan
para saciarnos.

Josué García Cruz
Puerto Rico

LA VIDA ES UN LLANTO

Lluvia fiel cae
me limpia de mi llanto
y solo sueño.

Antes de ser
fui vasija sin agua;
hoy me derramo.

Veo este cielo
y alas levantar quiero
pero soy humano.

Imagen triste;
mi dios frente al espejo...
Ven, abracémonos.

Dame un buen beso
despierta, libertad
y no me sueltes.

Azul me veo;
arráncame del cielo.
¡Quiero ser mar!

Esta, mi fe:
que el silencio se vaya
que todo cante.

Saeta gótica
que traspasas las horas
mata mi sombra.

Umbral antiguo
que imita la vida
yo soy la puerta.

Noche ligera
tus estrellas me lamen
y ya no sangro.

Llueven luciérnagas
cantan todos los pájaros
se van los llantos.

Lágrimas viejas
tragadas por la tierra
nutren los árboles.

Ave de paso
de faz color azul
descansa en paz.

No tengo manchas
me las limpió el amor;
lo triste cesa.

Trova melosa
abrazada a mi voz
soy todo tuyo.

Otoño bello
es esta vida un llanto
que reverdece.

Ángela García Vélez
México

INFIDELIDAD

Interrupción
del amor profesado
por leves deseos.

Nítido engaño
indecoroso, aciago
para el dañado.

Final de amores
al descubrir verdades
rotas e injustas.

Insulso egoísmo
que encubre un real anhelo
insatisfecho.

Decepcionante
vulnerabilidad que
provoca tu acto.

Estulta maldad
que ciega el sentimiento
bien otorgado.

Lealtad quebrada
por amores infames
recién despiertos.

Indecente ser
que esta injuria comete
contra quien ama.

Deleznable acto
que muestra desvirtudes
del alma blanda.

Apropiación
de burla descarada
para el herido.

Durable efecto
de traición permanente
en los sufridos.

Ramón Torres Quesada
Cuba

PUERTO RICO

Puerto o San Juan
vergel de bendiciones
sin igual Isla.

Un himno de paz
busca en tus encantos
verter su aroma.

Eres Borikén
reino de Agüeybaná
edén Taíno.

Renace en tu sol
marino sentimiento
fragancia especial.

Tierra de la luz
de lagos tropicales
y de azul vivaz.

Orlada en dulzor
de caña, miel y flores
pura identidad.

Ritmo original
bachata, salsa y bomba
plena y reggaetón.

Incesante amor
nace de tus boricuas
llena tu altitud.

Cansado el ciclón
de estropear tu belleza
se rinde en el mar.

Oda, en tu esplendor
preciosa y caribeña
mi Gran Borinquen.

Ramón Torres Quesada
Cuba

HOMOFOBIA

Hoy alguien juzga.
Rasga un corazón. Débil
sombra al sueño.

Orlados de mal
se iniciarán los días
de un joven amor.

Mientras se oculta
para poder amar, se
expande el odio.

Odio injusto, sí
al niño que ayer sufrió
a esa víctima.

Frágil suceso
trazado por índices
marchitos de bien.

Odio injusto, sí.
Solo juzga Dios, solo
es Dios lo cierto.

¡Barca sin sostén!
Dicen de esa chica hoy
que alguien juzga.

Inicio sin paz.
Tejado de vidrio, sed
fin a su paso.

Ah, preguntaré:
¿Si Dios es amor, por qué
mal al prójimo?

Amneris de Jesús
Puerto Rico

<u>YO</u>

Yace en mi ser
esa fuerza y poder
que me distingue.

Obra de Dios soy
y Él me acompaña
en mi caminar.

Eduardo Bobrén-Bisbal
Puerto Rico

TIERRA

Tambores suenan
en quietudes de noche
la tierra late.

Insuperable
aliento que respira
con lluvia fresca.

Eres poder
alimento incansable
para carencias.

Rompe tus pechos
germinar de semillas
en alabanzas.

Reina tu espacio
de esperanza de frutos
que tierra deja.

A la mañana
la tierra nos sorprende
con bendiciones.

Martin Gonçalves Cunha

Estados Unidos

SIDA

Sin saber cómo
esta vida golpea
en un santiamén.

Indescriptible
agonía del alma
tortura del Ser.

Días contados
esperanza marchita
sueños quebrados.

Abrazo frío
debilitado pulso
nefasto final.

Martin Gonçalves Cunha
Estados Unidos

DIOS

Danos hoy tu pan
alimenta nuestra fe
calma esta sed.

Ilumínanos
corrige nuestros pasos
sé nuestro faro.

Omnipotente
no somos dignos de ti
rogamos perdón.

Salva al mundo
ten piedad de nosotros
líbranos del mal.

Vanessa Pérez Morales
México

VIDA

Vago existir
con falsas esperanzas
de que mejore.

Idealizas, y
solo hay decepción.
¿Vale la pena?

Días largos y
noches cortas, sin pensar
embriagada.

Amarga y ruin
tenías que ser, oh vida
dame razones.

Adriana Villavicencio Hernández
México

PLUMA

Paseándose
esbelta por las hojas
suelta traviesa.

Libre posará
quiere vivir ¡y vive!
azul o negra.

Únicas cosas
las escribe preciosas
inmaculadas.

Mi compañera
pendiente de mi arte:
la poesía.

Al final muere
muere agradecida
feliz, vacía.

Jorge Alfonso Ruiz Galindo
México

AGUA

Artífice eres
fórmula que usa Dios
madre de vida.

Gallardo pincel
que en torrentes esculpen
el río y la sed.

Ufana en el mar
rebelde en la lluvia
lágrima triste.

Azar bipolar
concubina del sauce
juez de Narciso.

María Del Pilar Reyes
EE.UU./Puerto Rico

VIAJEROS

Vamos; venimos...
como átomos dispersos
universales.

Ilusos; tal vez
nómadas sin causa o fin
de almas inquietas.

Andando sendas
enterramos tristezas
trazamos sueños.

Jinetes ciegos
montados a galope
sobre la vida.

Empecinado
busca nuestro corazón
algún destino.

Remando mares
besamos tantas tardes
mañanas frías.

Osados somos
en éxodo, con vías
hacia la nada.

Soberbios con fe
llegamos a la vejez
a edad temprana.

María Del Pilar Reyes
EE.UU./Puerto Rico

VIVENCIAS

Viento del norte
cruel afliges mi alma
entristecida.

Inapetente
de caricias, despierto
adormecida.

Vivir amando
un amor fugaz, al cual
mi ser no olvida.

Enloquecida
cegada por su ausencia
me sentí hundida.

No perdono yo
a quien presente miró
mi triste vida.

Consciente aprendí
contemplo el amanecer
de un nuevo día.

Irradiando paz
mi rostro; en mis labios
una sonrisa.

Aunaré fuerzas
reviviré las ansias
que escondí muertas.

Simplemente, este
corazón ha de amar...
a puerta abierta.

Amelia Bravo Vadillo

Portugal

SAUDADE

Sin ti, la luna
ya no brilla orgullosa
en los almendros.

A la mañana
le faltan los aromas
de jacaranda.

Unos segundos
que yo pudiera verte...
¡Quién me los diera!

Dulces las noches
que, teniendo tu boca
tuve un imperio.

Ahora no hay
rincones en el alma
que no me duelan.

De pena tiñen
mis tristes ojos negros
todas las cosas.

En la distancia
yo te espero cantando
coplas de amores.

Amelia Bravo Vadillo
Portugal

MEDITERRÁNEO

Mar encantado
hueles a rosas frescas
y a hierbabuena.

Están tus olas
vestidas con los versos
de mil poetas.

Doradas tierras
son las playas que bañas
de sal serena.

Imaginando
un castillo en tu arena
un niño juega.

Tres carabelas
partieron de tu costa
soñando anhelos.

Eres un mundo
de azul, de blanco roto...
como los cielos.

Rompe las olas
en mi pecho poblado
de caracolas.

Rompe el silencio
con tu música dulce
de amor y viento.

Albas de espuma
te dibuja contenta
tu amiga Luna.

Noches de cuento
caprichos embrujados
sobre tu lecho.

Entre tus aguas
habitan los susurros
de mil espadas.

Obra divina
es la luz que desprendes
en tus orillas.

Amelia Bravo Vadillo
Portugal

SIGLEMA

Sentir la lluvia
amanecido el día
como una lágrima.

Inexplicable
fascinante el instante
fugaz la suerte.

Gotas de vida
que se quedan grabadas
a fuego y tinta.

La poesía
que, alada en su concepto
nos acaricia.

Es un misterio
la grandeza que cabe
dentro de un verso.

Miradas nuevas
libertades eternas
puros latidos.

A las esencias
primordiales bellezas
abre sus cielos.

Jhon Pier Boñón Mercado
Perú

OJO

Observador, luz
en la negra estatua
de tierra azul.

Joya del jarrón
crepuscular que muestra
mar detenida.

Oda piadosa
del corazón, suspiro
en la mirada.

Jhon Pier Boñón Mercado
Perú

LUZ

Luz en el cielo
que duerme angelical
como los sueños.

Una sonrisa
amanece otra vez
desde tu gesto.

Zigzagueante
como galante rosa
para hallarse.

Rubén Guzmán Escalante

Venezuela

LONG DÚRE

Libertad, chiste
globalizado antes
que la realidad.

Omnipresente
mentira es la lucha
en esta ciudad.

Nunca presente
dentro del Estado el
cual somete hoy.

Gracias César; sin
ti, ni circo ni pan, hoy
di: ¡Ave César!

Durante el tiempo
en que escribo esto
miles mueren hoy.

Únicamente
sirviendo capitales
asco dinero.

Regulas, compras
una libertad chimba
de cartón, hombre.

Estamos solos
enemigos públicos
de la libertad.

María del Carmen Sierra Burgos
Puerto Rico

INCIERTO

Inadecuado
me parece el tiempo
para respirar.

No hay colores
no hay matices nuevos
¿para qué mirar?

Canción sin tono
rozando mis orejas
no la puedo oír.

Incierto queda
el sabor de la vida
déjame seguir.

Errores palpo
mis manos agotadas
de tanto buscar.

Reír no puedo
inmóviles mis labios
se quieren callar.

Tanto quise ser
en este mar abierto
de mi existir.

Olas rugirán
continuaré mi senda
en la oscuridad.

Belén Olavarría Muñoz
España

SAL

Soy esa tipa
salgo por las mañanas
a buscarte yo.

Alejo males
y cicatrices pronto
te sigo bella.

Lejos del mar y
junto a ti me mojo
sal de las penas.

Noel León Rodríguez
Cuba

DE UN PÁJARO LAS DOS ALAS

De mar a mar
está la roca viva
de mi Isla y tu Isla.

Es de un pájaro
con dos alas de tierra
brindando amor.

Utopía antes
hoy, una luz que nace
deslumbradora.

Nupcias con flores
repican las campanas
de nuestra boda.

Partos jimaguas
de dos almas tendidas
sobre la mar.

Ánfora y miel
entre las dos se juntan
al paladar.

Jarras repletas
necesitamos todos
en nuestra mesa.

A pleno vuelo
se mueven las dos costas
en lontananza.

Roza la piel
en gesto amable y puro
que nos salvamos.

Oh, dime sol
si tú me necesitas
aclararé.

Los lagrimales
impávidos de sal
se regeneran.

Alegres somos
de ritmos y tonadas:
y sincréticos.

Sangre mezclada
africana, española
y de algo más.

Dos islas somos
con un beso de mar
reconfortado.

Oídos sordos
a la voz imprudente
de todo ultraje.

Si soplan vientos
y son huracanados
vale la ayuda.

Atento voy
si tu casa es mi casa
un paraninfo.

Las golondrinas
anidarán en ti
todos los años.

Atenta cuida
sus mejores pichones
para este vuelo.

Solo el plumaje
sostenido en tus alas
nos da calor.

Maximiliano Sacristán
Argentina

SER

Sobre la cama
libre de las palabras
el gato duerme.

En la manzana
una fracción del Ser
se me revela.

Remota niñez
me alejo de tu edén
como de un sueño.

Luz Febus Ortiz
Puerto Rico

MARIONETAS

Manipulación
que expulsan sus palabras
a oídos sordos.

Amaneciendo
cada noche entre el hilo
que le estremece.

Rogando a gritos
libertad entre manos
de mando social.

Idolatrando
ideas políticas
por no rebelión.

Optando a ciegas
marchar al precipicio
de la adaptación.

Niegan el poder
a las marionetas que
luchan día a día.

Enaltece ego
que fue concedido por
votos hurtados.

Trabaja fuerte
para salir del dueño
que lo ata siempre.

Alienación
a flor de piel que agrava
su juicio asocial.

Somos eso y
nada más, por quedarnos
a esperar sin fe.

Araceli Blanco Rubio
México

GENTE

Gala de ciudad
adornada con gente
tan diferente.

Entonan cantos
de justicia y libertad
en todo el mundo.

Nobles y pobres
tienen la sangre roja
y son mortales.

Todos por igual
sin hacer distinciones
ni etiquetas.

Ellas y ellos
estrechando las manos
con amor y paz.

Julieta Loaiza Montes
Colombia

ABUELO TOTO

Amor sembrado
en el ayer de crianzas
mies de nietos hoy.

Bastión de hogar
atávica sapiencia
lega tu estirpe.

Universo de
valores transmitidos
fueron tu orgullo.

En tu corazón
forjaste un mundo ideal
para tus hijos.

Lúcido siempre
tu andar y tu palabra
lento y firme.

Onírico sol
brillas entre las nubes
y nos proteges.

Tu existencia dio
inicio a esta casta
gracias te damos.

Otra dimensión
recibe ahora tu forma
ya no gravitas.

Tiempo de ausencia
solo tu recuerdo es pan
que sacia el alma.

¡Oh, abuelo Toto!
Insignia de la casa
serás por siempre.

Hugo Gómez Jaime
México

MÍRAME, ERES TÚ

Mueren guerreros
ígneos ideales
son sepultados.

Ínfimos pasos
sobre incertidumbre
que hoy nos guían.

Runas mágicas
ofrecen su protección
algún consuelo.

Ante las puertas
que nunca se levantan
no te detienes.

Mar indomable
repleto de sirenas
las musas muertas.

Ecos disueltos
aferrándose a ti
solo tú los ves.

Esta, tu barca
navega en tinieblas
tan vulnerable.

Respóndeme ya
¿qué esperas encontrar?
El mar es llanto.

Estás perdida
ya no hay rastros de ti
ni en el aire.

Solo una luz
un amante ajeno
un faro vivo.

También puedes ver
cómo mis manos flotan
en el pasado.

Último viaje
las voces corpóreas
te acompañan.

Rubén Darío Portilla
Colombia

LA PAZ

La paz renace
si por las venas fluye
savia de amor.

Actúan las balas
la furia de un cañón
vil y criminal.

¡Paloma blanca!
¡Mensajera del Cielo!
¡Vocera de Paz!

Alza tu vuelo
hacia un mundo hostil
ruin y contumaz

Zarpará la lid
anclará la bonanza
y habrá solaz.

Aníbal Delgado
Puerto Rico

NOCHE ESTRELLADA

Navego triste
el dolor que acecha
en mi Borinquén.

Oscuras noches
ausencia eléctrica
mar de estrellas.

Conciencia viva
aliento que da vida
mueve montañas.

Haz indeleble
la voluntad del pueblo
en adversidad.

Esperanza de
Ave Fénix renacer
puertorriqueño.

Estampas, sueños
pesadilla olvidar
embate mortal.

Se sublevará
el coquí, el guaraguao
a dar batalla.

Temple guerrero
que permitirá volar
cielos azules.

Renacer audaz
de un pueblo unido
se levantará.

Esfuerzo vital
para poder levantar
mi amado lar.

Lleno de poder
escuchar gallo cantar
clamando vida.

Lienzo abierto
colmado de estrellas
resplandeciendo.

Anunciando la
recuperación total
de nuestro pueblo.

Disfrute total
de energía y agua
sí, todo normal.

Añorando las
noches estrelladas que
pude disfrutar.

Alexander Vidaurre
Guatemala

MAR

Mar es solo hombre.
Brama varonilmente
alegando amor.

Arranca a la hembra.
Choca contra sí mismo.
Busca a la mujer.

Rabia el toro.
Este animal es macho
es y será "él".

Christian Cachay Luna
Perú

LUNA

Las voces llegan
casi siempre dormidas
en tu presencia.

Últimamente
caminas más lento que
cuando crecías.

Ninguno crece
los cielos llegaron y
no despertabas.

Adiós Luna
las flores que vimos, te
llevaron lejos.

Emilse Aponte
Venezuela

PENA

Priva deseos
se adueña del tiempo
pobre del alma.

Encanta el ser
domina al osado
sí esclaviza.

Niega lo franco
¿así alguien es feliz?
Es obvio, nadie.

Apaga todo
finalmente acaba
reprime, gana.

Santiago Ernesto Müller
Argentina

SOY

Soy ese hombre
un sentimiento preso
solo silencio.

Ola en el mar
olvido en el desierto
hoja en el viento.

Y creo ser
hijo eterno de Dios
tan solo un alma.

José María González
España

BATALLAS

Busco batallas
en la cresta del día
desesperado.

Aclaro mi tez
con fiel agua salada
de bravos mares.

Trazo surcos en
la arena de mil versos
breves, efímeros.

Alarde tosco
de un corazón infame
en retirada.

Lanza y escudo
sobre un cuerpo impregnado
de vidas rotas.

Llanto de antaño
se funde en la contienda
que pausa el tiempo.

¡Abre al futuro!
Triste beso perdido
en la inocencia.

Somete tu alma
cabalga entre su fuego
de azufre incierto.

Óliver Quijada
Venezuela

AQUÍ ESTÁS

"Aquí estaré"
me dijiste llorando
no lo olvidaré.

Quebrantaste amor
por dolor reemplazaste
no me dejaste.

Último encuentro
si de perdón se trata
mi amor lo siento.

Iluminas días
de noche resplandeces
alegras vidas.

Eres burbuja
frágil como una rosa
siempre hermosa.

Sintiendo el ayer
viviendo contigo el hoy
no renunciaré.

Temiendo al fin
tu compañía aprovechar
antes de morir.

Aférrate a mí
yo también quiero estar
solo para ti.

Si me odiaras
quisieras mi amistad
pero deseas más.

Aldo Medina Chávez
México

SOLEDAD

Simple y pura
conduce gentileza
en su momento.

Óbolo pulcro
en el pensamiento
ilimitado.

Lúcida vía
si es bien llevada
cual amiga.

Estricta juez
de quien subestima
su potencial.

Dado su poder
aísla la mesura
frágil y terca.

Aterradora
condena al necio
desafiante.

Dogma de afán
escaso y natural
hacia su ser.

Adriana Gaido
Argentina

PÁJAROS

Pasa el viento
por sus huesos y deja
sonar de flauta.

Árboles que van
levantando altura
sin perder raíz.

Juguetes de sol
ascienden prodigiosos
al cielo sin fin.

Alas que no van
transportando muerte, no.
Dibujan la paz.

Riman sin rimar
romanceros de plumas
piares que vuelan.

Olas en un mar
de nubes, si levantan
juntos el vuelo.

Sonajas de luz
libertad pregonan, el
espacio crean.

Rosaura Tamayo Ochoa
México

AMOR

Al dar amor
amor recibirás
es recíproco.

Meritorio es
el amor de una madre
este es eterno.

Osado el hombre
que ambiciona ignorar
supremo amor.

Romántica es
la luna en negras noches
de enamorados.

Jonathan España Eraso
Colombia

LUZ

Las sombras gritan
en mi resplandor fugaz
y llueven alas.

Ungido estoy
por la voz de Ícaro
que todo oscura.

Zarpa conmigo
por la senda de aves
bajo el farol.

Leonardo Escalante Méndez
República Dominicana

PAZ

Paloma blanca
que traes en tu pico
rama de olivo.

Armonía eres
están tus manos limpias
no verán sangre.

Zar de la guerra
nunca eres violenta
eres eterna.

Leonardo Escalante Méndez

República Dominicana

POESÍA

Palabras vivas
con alma y espíritu
las haces volar.

Olas de rimas
cargadas de mil versos
a la orilla traes.

Eres arte y luz
las musas esclareces
miel silvestre.

Siembras flores
el jardín de la vida
llenas de color.

Inmarcesible
nunca pasas de moda
pura, acendrada.

Altruista eres
sin ti somos pétrea
inocuidad.

Carmen Suero
España

LIBRE

Lúgubre noche
ya de ti no soy presa
amaneció.

Idiosincrasia
libre de las cadenas
que la asfixiaban.

Batí al miedo
afronté la verdad
ya no hay rival.

Rectifiqué
guiada por mi ser
salí a la luz.

En paz respiro
mis miserias son dignas
aquí en mi cielo.

Lourdes Crespo Couto
Puerto Rico

LUNA

La noche plena
mi ser engalanado
de ti, bañada.

Única en mí
vestida en esplendor
iluminada.

Nostálgica tú
eres y soy éxtasis.
También plata luz.

Acompañada.
Él conmigo estará.
Ansías al amor.

Maribel Núñez
Puerto Rico

VERDUGO

Ves mis angustias
sin embargo increpas
y acorralas.

Exacerbada
fluyen en mi interior
oprobios salen.

Resentido ya
ofendes con cinismos
inflas tu ego.

Duelen palabras
faltas de empatía
en mi zozobra.

Usurpas la paz
no ves virtudes en mí
solo defectos.

Gozan extraños
de tu sensibilidad
mas no en la casa.

Ojalá fueras
refugio y consuelo
no mi verdugo.

Pedro José Biedma Pineda
España

RECUERDOS

Recuerdo un día
caminar junto a ti
rozar tu mano.

Elegir frase
hablar mi corazón
decir "amor".

Con pasos cortos
al compás de las olas
solos tú y yo.

Una caricia
seguida de mil besos
piel y placer.

El viento silba
bailas sobre mi pecho
nuestra canción.

Risas calladas
cien lágrimas internas
la mezcla eterna.

Dame tu boca
acércate despacio
siente mis labios.

Oirás a mi alma
susurrar a tu olvido
nuestros recuerdos.

Sueña, amor mío
no dejes de soñar
y yo contigo.

Sandra Elisabet Pozzi
Argentina

DONDE HUBO FUEGO

Donde hubo fuego
dicen, cenizas quedan
solo cenizas.

Omnipotencia
fatal al corazón
enamorado.

Ni una pavesa
guardará tu memoria
de nuestra hoguera.

Duele entender
cuando el amor se deja
morir de ausencia.

Efímera fue
esta pasión y eterno
el desencanto.

Habrá el olvido
de rezumar mi nombre
entre tus brasas.

Un humo tibio
recogerán mis cielos
de tus rescoldos.

Borrará lluvia
las ascuas de mi fe
desmadejada.

Otros vendrán
a disipar tu huella
en mis arenas.

Falsía del tiempo
si lo que un día enciende
un día lo aplaca.

Una noche gris
nos avisó la piel
que se apagaba...

Estúpido fui
quise avivar las llamas
y quemé el resto.

Ganó en los dos
la indolencia dejando
impar las almas.

Oíd quien quiera
que donde hubo fuego
¡no queda nada!

Madeline Santos Zapata
Puerto Rico

FUERZA

Forjo franqueza
fina fogata férrea
fúlgido fénix.

Unjo urente umbral
usurpo urbana urgencia
urdo utopías.

Enhebro enjambres
entre espinas escribo
épico ensueño.

Recito risas
rifo rumiantes rezos
riego romances.

Zanjo zozobras
zarandeo zaino zarzal
zurzo zodiaco.

Atajo almenas
arranco arcano antifaz
adiós, agrio alfil.

Miraida Villegas Gerena
Puerto Rico/España

DISTANCIA

Distancia, tú que
me separas del lugar
en el que nací.

Infinitas son
las lágrimas hacia ti
mi Puerto Rico.

Sueño con tu mar
con el olor a sal que
perfumó mi ser.

Tantos años, y
no te valoré, porque
siempre me mentí.

Ahora siento
que te perdí, que me fui
sin decir adiós.

Nostalgia, vete
aléjate de aquí
y déjame ser.

Cruzaré tu mar
otra vez para calmar
a mi corazón.

Instantes, solo
deseo contigo, mi
isla, mi perla.

Alegría, ven
a mí, devuélveme las
ganas de vivir.

Obdulia Báez Félix
Puerto Rico

EVA

Emerge diosa
erotismo en flor
paradisíaca.

Veleidosa
desnuda piel caliente
nace en sierpe.

Adán observa
sensación orgásmica
destierro, Señor.

Victoria Gómez Muñoz
México

VERDAD

Versucia total
te diluyes tan pronto
tan valiente.

Estás siempre ahí
sustituible omisión
compensable ser.

Redundancia mía
verborrea amarga
vigorosa luz.

Dura y suave
inefable a veces
inexcusable.

Atroz elogio
infame para muchos
enigmática.

Desvarío sufrir
odiada realidad
por los humanos.

Reinier del Pino Cejas
Cuba

ADIÓS

Ahora debo irme.
Te dejo con mi ausencia
y este recuerdo.

Doblo la esquina.
Mis manos en el aire
aún te acarician.

Insoportable
sensación de estar pronto
donde tú faltas.

Otro camino
me obliga a tu recuerdo
que no a tus besos.

¡Salve, futuro!
¡Los que hacia ti corremos
ya estamos listos!

Noel Ernesto Ramírez
Puerto Rico

DISTANCIA

Dijeron adiós
como si no hubiese
otra salida.

Irse, sin mirar
atrás, quiebra a los que
atrás se quedan.

Soñando con la
esperanza del pronto
regreso, sin más.

Transpirando los
temores coloniales
y el silencio.

Amar al vacío
solo por el recuerdo.
Como los viejos.

Nada lastima
más que lo que tú amas.
Y nunca para.

Condenado por
un gobierno corrupto
y sus mojones.

Insistir quizás
sea de tontos pero
no puedo irme.

Ahí está la
herencia que les dejo.
Color bandera.

Ivelisse Castillo Maldonado

Puerto Rico

NIETOS

Nietos: semillas
cultivadas con amor
fragantes frutos.

Íconos de Dios
protegidos diamantes
brillan en tierra.

Estrellas nacen
van cubriendo el cielo
abajo brillan.

Torbellinos miel
atracciones de vuelos
arcoíris son.

Ondas sonoras
son de sonrientes notas
cubren el alma.

Saborear vida
con besos y caricias:
gozo de nietos.

Elena Beatriz Cantero

Argentina

ERES

Enlace eterno
jugando en mi mente
con tu presencia.

Rápidas fotos
en mañanas urgentes
a tu esencia.

Espacios fijos
tú estás a mi lado
colores raros.

Suaves, perlados
mezclados pincelados
de un sueño gris.

Alina Canosa Delgado
Cuba/España

IN UTERO

Imán de cuentos
de tu tierra de placer
se parece al mar.

¿No te imaginas
cuánto conoce del sol
y de tu portal?

Útero en canción
toca las cuerdas por la
guitarra de Amor.

Todo se bebe
del Uno, para crecer
como uno más.

Elástico es
este baile de cuarzos
en gritos de pan.

Rompe las trampas
y le teje al futuro
su gran libertad.

Ora junto a él
mujer de tranvías y
confía en paz.

Mario Artcadia
Puerto Rico

AGUA

Átomos juntos
dúo de hidrógeno
un oxígeno.

Genial fórmula
esencial de la vida
la que palpita.

Ultra versátil
líquida o sólida
vapor en aire.

Agua bendita
el origen de todo
hasta nuestro fin.

Mario Artcadia
Puerto Rico

VIDA

Valórala bien
no dura para siempre
tan efímera.

Injusta, justa.
¡Podemos controlarla!
Corta o larga.

Días y noches
para hacerlo mejor
o arruinarlo.

Al finalizar
no habrá tiempo atrás.
¡Disfrútala ya!

Daniel Bueno González
España

VALOR

Voces que callan
guardadas en un cajón.
Lágrimas de amor.

Anhelos que arden
perdidos en el colchón
de lo imposible.

Lamentos rotos
amarrados al dolor
de la cordura.

Olas de fuego
que marchitan las ganas
de todo y nada.

Ruidos vacíos
que necesitan salir
y hacerte libre.

María Eugenia Ruelas Hernández
México

VIDA

Volátil eres
no detienes el alba
pasas fugaz.

Inexorable
palideces las rosas
marchitas almas.

Dame tus horas
y tu sabiduría;
dame tesón.

Acaricia este
cuerpo ya en el ocaso
previo a partir.

María Eugenia Ruelas Hernández

México

YO

Y pronto vi
en tu negra mirada
la imagen mía.

¿O tú eras en mí?
Era reflejo mutuo.
Tú y yo: *In Lak'Ech*.

Norberto Garrone Vera
Uruguay

POESÍA

Para tu alma
una leve caricia
de luz y vida.

Oscura pena
busco desterrar de ti
con mis palabras.

Es la manera
de acompañarte hoy
estar contigo.

Sentirte cerca
estar siempre presente
darte abrigo.

Intento llegar
para tomar tu mano
caminar juntos.

A tu sonrisa
devolver para siempre
la primavera.

Marta Ester Ganzero
Argentina

SOMOS

Somos espejos
y escalones del tiempo:
de instantes hechos.

Ocasos rojos.
Nos enciende la sangre
nos atardece.

Manojos del sol
germinando simiente
sobre la tierra.

Obra en nosotros
un dejo de verdades
irresolutas.

Somos la savia
que alimenta las almas
con luz de vida.

Lucero Castrillón Rubio
Colombia

MAR

Mece el viento a
las aguas impregnadas
de arena y sal.

Aflorando olas
perfumadas de blanca
efervescencia.

Rugientes bañan
las vírgenes orillas
del litoral.

Alecs Sandovski

Venezuela

VIDA

Visión clara.
Una gran oscuridad
si tú no estás.

Infinita luz
con sabor a gloria
si me rodeas.

Dominas mi ser
con solo ver mis ojos:
muy larga noche.

Amor me brindas
y aún sin quererlo:
das felicidad.

Sandra Naffah
Venezuela

DULCE

Dulces momentos
que se apoderan de mí
de todo mi ser.

Unidos a mí
no los dejo nunca ir
no me dejan ir.

Lejos o cerca
mi hogar prevalece
siempre presente.

Cada recuerdo
único, infinito
inigualable.

Ese es mi país
como un sentimiento
se hace sentir.

Isabel Patricia Vázquez
Puerto Rico

ALMAS GEMELAS

Acurrucadas
en regazo escogido
radiante y bella.

La chica aquella
que con suerte espera por
almas gemelas.

Merecida esa
morada que espera en paz
por su llegada.

Acallada la
desesperación de no
fecundar tal cual.

Supo persistir
con su búsqueda infantil
de compañía.

Genética la
manipulación de la
suerte gitana.

Ecuación normal
de familias que inician
descendencia y ya.

Malabarismo
que vence fecha y hora
sobreviviendo.

En difíciles
ambientes y caminos
sin rumbo fijo.

Les consiguió ella
después de mucho buscar
y mucho llorar.

Abandonando
esperanza de madre
con la menstruación.

Simplemente así
una mañana de sol
llegaron las dos.

Elba Gotay Morales
Puerto Rico

MARÍA, MI HERMANA, MI VIDA

Medianoche ya
comienzas a sentirte
más y más fuerte.

Arrancándonos
de raíz las entrañas.
¡No tienes piedad!

Rebosan aguas.
Destrucción visible en
todos los lados.

Incompasiva
es tu furia. Mi tierra...
¡La destrozaste!

Amenazante
panorama incierto.
Preocupada.

Mortificante
esta angustia mía.
Pierdo mi norte.

Inexhaustos mis
intentos por tu salud...
Suspiros quedan.

¡Hermana mía!
Dejas el alma mía
rota, quebrada.

Egoísta soy
te quiero a mi lado
mas no lo puedo.

Rezo, imploro
sufro, lloro y grito...
¡Reconfórtame!

¡Melancolía!
Llorar sola quiero yo
hasta agotar.

Afortunada
no sufres, ni padeces...
Pero me duele.

No encuentro paz.
Mi tristeza persiste...
¡Misericordia!

Ayúdame tú
sé allá mi ángel tú
desde el cielo.

Mortificante
desesperación esta
me toca vivir.

Impertinentes
diagnósticos asoman.
¡Mi Dios, ten piedad!

Visiblemente
afectada por todo
mi salud grita.

Inoportuno
momento para quebrar.
Ha sido mucho.

Descanso no hay.
Alterada por doquier...
Intranquilidad.

Abrumadora
melancolía la que
me acapara.

Pedro Miguel Castro Ramírez

Perú

TUS BESOS

Tus besos dulces
me causan embelesos
en toda la piel.

Un dulce sentir
que deja en mi boca
sabores de miel.

"Solo te amo"
me obsequió tu boca
y te quise más.

Besos y versos
que antes no te daba
para no mentir.

Está la noche
tan fría y tan queda
tan mía, de mí.

Se rió tu boca
con tal premura loca
que tuve temor.

Ósculo bello
que fue como un pacto
entre tú y yo.

Sí, fue un beso
el que me dejó preso
de tu gran amor.

Iván Parro Fernández

España

VIVA LA VIDA

Veo la vida
pasándonos de lejos
como con prisa.

Inquietud siento.
Muerte viene al encuentro
para llevarnos.

Vivo sin dolor.
¿Para qué pensarlo más?
Nada consigo.

Abro una puerta
los sentidos alerta
mas no te veo.

Llamo a gritos
pero no me respondes
nada me dices.

Asustándome
no logras nada de mí
sigo esperando.

Vida, ¿dónde estás?
Quiero ir a tu encuentro
buscando tu luz.

Irradia tu amor
para ser tu testigo.
Eres especial.

¡Dame una señal!
Eres todo para mí.
Quiero verte ya.

Aquí te espero.
No tardes ni demores.
No tengo prisa.

Honorio Agosto Ocasio
Puerto Rico

ESCLAVITUD

Estoy cautivo
en esta vorágine
llamada vida.

Sé sin reparo
que mi alma liberta
volverá a Dios.

Carimbo, ¿cuándo
dejarás de tatuarme?
No lo soporto.

La temeridad
horadará mi alma
yendo a prisión.

Ante el dolor
tras los crueles barrotes
busco sosiego.

Vuelco la razón
y como el pitirre
saldré airoso.

Independiente
del yugo esclavista
por imposición.

Tendré en cuenta
el eslabón forjado
entre lágrimas.

Unificando
lo que fui, soy y seré
hasta la muerte.

De esta forma
quedará demostrada
mi humanidad.

Fabio Gabriel Sánchez López
México

YO

Y la vida fue
la que me trajo aquí
con su esplendor.

Obsesivo ser
que no sabe qué hacer
cada despertar.

Daniel Népomuk
Puerto Rico/EE.UU.

EXTERNO

Entretejimos
nuestros paralelismos
en un instante.

Xilografías
de sales impregnaron
de ti mi rostro.

Tus horizontes
entre gemidos fueron
mis horizontes.

Entonces fuimos
agua, madera, tierra
metal y fuego.

Rasgamos juntos
nuestros telones viejos
y marchitados...

Nuestra sonrisa
se transformó en un cuarzo
color rosado.

Obsesionados
tornamos algo externo
en fuego eterno.

Porfirio Flores Vázquez
México

HOY

Hay que vivir ya
sí, la vida se nos va
no regresa más.

O tomar lapsos
respirar hondo; siempre
reinventando.

Y después, cerrar
el capítulo; creando
un nuevo día.

María Moreno
España

ISLA

Inaccesible
mecen su sueño agreste
olas de plata.

Salobre escollo.
Faro en el fin del mundo.
Distancia a nado.

Linde de espuma
guijarro acorralado
rompiente eterna.

Ancla profunda
nudo térreo de amarre.
Voz de gaviota.

Irmarelis Ortiz Vázquez
Puerto Rico

TETAS

Tú me das vida
recibes mi plenitud
en cada gota.

Eterno amor
fruto de mis entrañas
mujer dichosa.

Tetas que nutren
tu alma y la mía
leche perfecta.

Ángel travieso
en mi pecho descansas
acurrucado.

Senos que cantan
armonioso concierto
melodía de amor.

Arlene Irizarry
Puerto Rico/EE.UU.

NEBLINA

Navego al sur
entre laberintos de
miedos sinceros.

Encerrada en
hoyos sin fondo y de
viejos recuerdos.

Brisa *helada*
que arropa mis duelos
con risas tibias.

Librando luchas
y secretos del alma
cual Artemisa.

Intimidada
viajo por tus veredas
oscuras, mientras.

Navego al sur
nadando en mi llanto
con esta furia.

Alma guerrera
que rehúsa divagar
sin tu abrazo.

David Eliseo Corona
México

IMPOSIBLE

Intentos que no
salen bien, los fracasos
de una vida.

Muchos hablarán
dirán que no podemos
se equivocan.

Poder hay en ti
en mí, y en aquellos
que lo intentan.

Obstáculos en
todo el camino a
cumplir los sueños.

Seguir luchando
esa es la única
opción a tomar.

Intenso dolor
eso es lo que sentimos
cuando nos paran.

Buscamos algo
de quien no nos apoya
la aprobación.

Limitaciones
nos imponen día a día
al deprimirnos.

Es tu elección
porque lo imposible
depende de ti.

Manuel Brenes Morales
Costa Rica

ESCLAVITUD

Entrañable tú
libre espíritu. Vete
anda y no vuelvas.

Siempre en el huir
del águila malvada
animal brusco.

¡Corre rápido!
Ve, protege tu esencia
mi amigo indio.

Libre ratón
que al pueblo rehabilita
y lazos teje.

Aferráte, que
con sus garras prisiones
construye. ¡Vete!

Verde demonio
de papel que ahí siempre
vuela, ¡márchate!

Imperio sucio
ya no más "compasión"
déjanos solos.

Tú, símbolo de
paz, me repugnas. Dime
¿qué es lo que querés?

Un asesino
lanzas frutos que solo
siembran pobreza.

Deléitate ave
águila, mas recuerda:
indios hay más.

Carlos Pereira Franco
Brasil

AMÉRICA

Atrocidades
brotan de nuestra tierra
brotes de dolor.

Mas necesita
hacer frente al dolor
y soltar su voz.

Escribir, cantar
denunciar el dolor de
toda la gente.

Rápido verá
que no está solo y
ganará eco.

Inspirará en
todos la búsqueda por
nuevos caminos.

Cambia ahora
dolor por alegría
por donde pasa.

América es
la tuya, nuestra tierra
y nuestra casa.

Yeidi Altieri Sotomayor
Puerto Rico

TÚ

Tiene tu boca
un dulce candor y miel
que adormece.

Un fuerte olor
a hojas de guayaba
que me enciende.

Sandra Santana
Puerto Rico

A VECES

A veces pasa
hojas locas al viento
me traen recuerdos.

Verdes sonoros
bullangueros, fugaces
me traen tus ojos.

Estrepitoso
en la bulla del viento
ruge tu nombre.

Crepusculares
las nubes demudadas
gritan ausencia.

Es tiempo aciago
el aire se ha llenado
de desamparo.

Silencio grande
espera del milagro
que te devuelva.

Cándida Negrón
Puerto Rico

VALOR

Vuela el miedo
me armaré de valor
siempre segura.

Ahora viviré
mi vida es valiosa
hoy tengo más fe.

Lastima temer
valentía en mí siempre
estarás ahí.

Ola valiente
cubre más todo mi ser
espero por ti.

Revélate ya
retira tus temores
llena de valor.

María Ramos
Puerto Rico

YO

Yo quiero vivir
y soy muy resiliente
creyendo en mí.

Otro día más
luchando por mi vida
soy valiente.

Lizzie R. Nevárez
Puerto Rico

VUELO

Verdad volando
ocurre la altitud
en el espacio.

Una silueta
se mueve ágilmente
al elevarse.

Expresión tenue
al aire liberada
al amanecer.

La acción nueva
llena de alegría
va a lanzarse.

Orgullo surge
se mueve libremente
para ir al mar.

Ruth Giusti Rosa
Puerto Rico

CROCS

Caminos largos
que hace tanto tiempo
paso a paso.

Recorro fotos
a diario sobrevivo
dolor impune.

¡Oh! Ocasiones
de un alivio grato
salud eterna.

Cuánto dolor hay
que el humano tolera
en este viaje.

Sobrevivientes
como dioses menores
por los pesares.

Ellos dijeron lo que querían decir.

www.ingramcontent.com/pod-product-compliance
Lightning Source LLC
Chambersburg PA
CBHW051824090426

42736CB00011B/1633